REGLAS
DE LA RISA

All inquiries should be addressed to:

Book Domain LLC.
543 E Louise Dr Phoenix, Az 85050

Ordering Information:
Amount Deals. Special rebates are accessible on the amount bought by corporations, associations, and others. For points of interest, contact the distributor at the address above.

Printed in the United States of America.

ISBN-13   Paperback   978-1-964100-75-3
            eBook   978-1-964100-74-6

Library of Congress Control Number: 2025907035

REGLAS DE LA RISA

RAMIN ISMAILE

BOOK DOMAIN LLC
Publish to Perfection

Contents

Tu corazón está seguro aquí,
con amor y risas

La belleza viene de una
vida bien vivida.
Si has vivido bien, tus líneas de
sonrisa están en los
lugares correctos.

Cuando compongo mis poemas,
solo pienso de mi vida y mi mundo
con felicidad, amor y risas

AMAR

Solo hay una
Felicidad en tu Vida
Amar y Ser Amado

Menos expectativas
más amor
con risas

El éxito a largo plazo
se basa en la
visión
Innovación
Organización
con Amor y Risa

La primera regla de la felicidad es amarte a ti mismo y reír con ego.

Quienes te aman
siempre elogian tu risa.

Ojos hermosos
Siempre busca lo
bueno en los demás
con amor y risa

Puedes vivir lógica o
mágicamente con
amor y risa.

La felicidad es una elección, no el resultado del amor y la risa.

En cierto sentido, la confianza
es simplemente una versión
más fuerte y arraigada
de la fe, con amor y risa.

La práctica hace el progreso,
la práctica lleva a
la perfección en la vida,
con amor y risas.

El jefe trabajando
tan duro por
algo que amamos
llamado pasión

Si alguna vez te enamoras,
lo sientes desde dentro
y te ríes desde fuera con el ego.

Lo primero
de una vida plena
es la felicidad
con amor y risas

Cuando la felicidad llega,
lo sabes con todo tu
corazón, porque el
amor equilibra tu vida
con la risa.

Nadie que ama la vida
permanece en
el mismo camino
con el mismo conocimiento

La edad no se trata de
cuántos anos tienes,
sino de cuántos anos sientes,
con amor y risas.

La edad no se trata de
Cuántos anos tienes?
sino de cuantos anos sientos,
con amor y risas.

El ingrediente secreto
es siempre amor
con risas

Puedo comprar amor
con risas,
porque cuando el amor
es real no tiene precio.

Los abrazos
con risas significan
energía de amor.

Ama a todos
No confíes en nadie
Ríe siempre

Amo mi ego
es respeto propio
con risas

La risa siempre
llena el aire de amor.

El pensamiento colectivo
construye imperios
con poderosas risas y amor

Amar con risas
también te ensena
la importancia
del amor propio y
el respeto por uno mismo.

El amor con risas
es algo espléndido.
Como dicen las canciones de amor.

Amo lo que hago
Hago lo que amo
Me encanta reír

Quienes te
aman siempre
elogian tu risa
porque les haces reír.

Las vibraciones
del sentimiento con la
risa
unen corazones

Amor y risa
combinación
es Felicidad

Lo sexy viene
del fuego de tu alma
con amor y risas.

Cuando alguien más
La felicidad es tu
Felicidad
llamada Amor

El amor empieza
con sonrisas
crece con besos
continúa con risas

Felicidad con Amor
y Risas
siempre
GRATIS

El secreto de una
larga vida es la risa y
crear recuerdos
con amor.

Cuando estás enamorado,
y sabes quién eres,
no puedes dormir,
porque la realidad finalmente
es mejor que tus suenos.

A veces tienes
que ir más allá
del cielo para lograr tus metas
con amor y risas.

Para tener éxito
necesitas una mente
hábil y creativa,
con amor y risas.

La lógica es la base
de la certeza.
Con amor y risa,
adquirimos cada
instante con el ego.

A veces la mayor
aventura es
simplemente conversar
con amor y risas.

El factor más poderoso
del éxito en la vida es creer.
Con amor y risa.

Imperfección con Amor y Risa llamada Libertad

Y si el amor y el éxito estuvieran garantizados con la risa?

Vive de tu
imaginación
con amor y risas

La gratitud y el buen humor te hacen
Enamorarte de tu vida

Positividad con
La risa es poderosa
Con tu ego

Mi amor propio y
respeto por mí
mismo significan que,
cuando conoces tu valor,
no necesitas que otros
confirmen tu risa
con tu mayor ego.

Sé original en la vida
con amor y risas.

Todos nacimos
en un día y luego
nos enamoramos
de la risa.

Cuando conoces la Felicidad
en tu Vida
con Amor y Risa
eso significa Amor Propio
en Acción

La vida se trata
de lo que hiciste,
con amor y risas,
no de circunstancias.

El equilibrio
no es algo que
puedas encontrar,
es algo que creas
con amor y risa.

Una conversación real
con amor y risas
es muy sexy

Respeto con risas
Inventado para encubrir
cuando el amor
debería ser

Todo tiene espíritu,
Honra eso
con amor y risas

Mi felicidad
siempre resistió
la prueba del tiempo
con amor y risas

Construí un equipo
tan fuerte que todos
saben que soy el jefe,
con amor y risas.

La calidad de tu pensamiento
determina la calidad
de tu vida.
Si eres lo suficientemente
inteligente como
para tomar la vida en serio,
con amor y risas

Mis fines de semana
siempre
Días de amor y
Risas

Siempre en mi mente,
produzco energía
positiva a cada momento,
con amor y risas.

Siempre mantengo
mi vida muy simple y perfecta
con amor y risas.

Creatividad es Inteligencia Divirtiéndose con Amor y Risas

Define el amor en una palabra:

TIEMPO

Los guerreros más
poderosos son
el tiempo y la risa.

No tengo obligación
de ser la misma persona
que era hace un segundo
porque siempre estoy creciendo
con mi risa y mi ego

Los mejores tipos de felicidad:
reír y mantener
la calma al mismo
tiempo que el ego.

Todo impulso
positivo en la vida
con magia y risas,
llamado felicidad.

Vive en tus propios
términos con el lenguaje
del amor y la risa,
con el ego.

Siempre hay tiempo
para la magia
con Risas y Ego

Cuando la madurez llega
en la vida,
simplemente cuando no puedes
parar de reír con el ego

El único límite que tienes,
los límites en los que crees
con tu ilimitada risa y ego

Cuando comencé
a contar mis bendiciones
con amor y risas,
mi mundo entero
dio un giro.

- Cómo detener el tiempo

Besar

- Cómo pasar el tiempo

Leer

- Cómo escapar del tiempo

Música

- Cómo sentir el tiempo

Escribir

- Cómo liberar el tiempo

Respirar

- Cómo disfrutar del tiempo

Reír

Coraje con Risa
es magia
que convierte suenos
en realidad

Cada uno tiene
su propio reloj,
espera tu momento
con amor y risas.

Solo hay un momento
Entre el pasado y el
futuro
con Amor y Risa
esto se llama Vida

La presión con la risa llamada privilegio de la vida

Cuando lo veas,
entonces podrás reír,
porque no puede dejar de verse.

Todo el éxito
en la vida, resultados de
momentos perfectos
con risas

Cuando estoy llorando
y riendo al mismo tiempo
de repente
recuerdo
que soy el jefe del ego

Cuando todo llega
a tiempo a tu Vida,
cuando Aprendes a
esperar
con tu Risa
y tu EGO

A veces en la vida no tienes
que planear el futuro.
Porque el amor y la
risa lo arreglan todo.

Cuando bailo y río,
puedo disfrutar del lujo
del tiempo con el ego.

Para ser siempre feliz,
debes mirar hacia
el futuro con risas.

Solo me río 24/7
para ocultar
mi Felicidad

La vida no se trata
de respirar aire cada instante.
La vida se trata de
momentos en los que
alguien te quita el aliento
con amor y risas.
Respira como
el jefe con ego.

El placer más noble
es la alegría de comprender a tiempo
y el don de la risa.

Cuando te ríes
sin parar todo el tiempo,
los recuerdos siempre
son especiales

No eres adulto
hasta que
aprendas a reír
sin culpar
a los demás

No hay amigo tan leal
como un libro,
especialmente cuando
se trata del libro
de la risa.

Los sueños son semillas
de tu realidad.
Planéalos en tu corazón,
luego obsérvalos crecer
con amor y risas.

Cuando escribas historias
de tu vida, no dejes
que nadie más te
sujete la pluma.

En la vida cada mes
- 30 días de felicidad
- 720 horas de buena salud
- 43.200 minutos de bendiciones
- 2.592.000 segundos de risa y paz
con el ego

Hay poder en el final,
porque me lleva
a los comienzos,
a reír y bailar todos los días.

El tiempo es tan valioso
que me centro en
la risa con ego.

De una forma u otra
nos encontraremos
con amor y risas.

La mente positiva
siempre encuentra
las razones para brillar cada vez
con risa y ego.

A veces necesitas
un descanso de la gente
con risas y ego (no vida).

Simplemente ten la llave
de tu futuro
con amor y risas

Cuando en la vida
los momentos se convierten
en recuerdos especiales
con amor y risas
todo es gratis

La vida se trata de lo que hiciste,
con amor y risas,
no de circunstancias.

Cuando conoces
el Destino,
el camino
de la Risa
se despeja.

Cuando la ventana
de la oportunidad
llame
con risas,
simplemente ve
y limpia la Ventana

Define el tiempo en una palabra:

CONOCIMIENTO

Nadie puede comprender
la verdad,
hasta que aprenda a reírse
de la ignorancia y
el conocimiento falso.

El conocimiento y
el buen carácter
significan respeto y poder.

El conocimiento no es gratis

Porque tienes que prestar

Atención con todo tu

dinero y risas

El comportamiento
es más importante
que el conocimiento,
especialmente
cuando me río tanto
con el ego.

Cuerpo purificado por el agua
- EGO purificado por la risa
- Intelecto purificado
por el conocimiento
- Alma purificada por el amor
Esto se llama Felicidad

Nadie que ama
la vida permanece en
el mismo camino
con el mismo
conocimiento

PAZ

Nada más pacífico que
la risa con EGO

Admiro a quien
con paz interior
Como una máquina de reír
con ego

La mejor paz que se puede tener
Paz interior
con muchas risas,
movimientos de baile
y con mis chistes, creaciones
y amor de primera clase

El miedo solo existe en tu mente,
por eso me río tanto
con mi ego.

Cuando voy a la playa,
el atardecer frente
a la arena baja, l
a paz interior y una sonrisa
en mi rostro.

Cuanto más se acerca
un hombre a la
calma mental,
se reía con ego.

La salud no solo significa
física, también incluye:
paz mental
paz de corazón
paz en el alma
con mucho amor
y risas

La paz proviene
de tu capacidad
para afrontar la vida
con amor y risa.

Paz con Risa llamado EGO

Tu paz interior
es el lujo más hermoso
de tu vida
con amor y risas

Con mi poder
de la risa
siempre protejo
mi paz

Define la paz en una palabra:

EGO

Paz con Risa
llamado EGO

Les enseno a todos

a reír

con ego

Las personas
creativas
siempre se ríen
con ego

Sencillez con Risa llamada paz con el Ego

La regla simple en
la vida es que
la risa es lo primero
con el ego.

Siempre afronto la vida
con mis primeras ediciones
Chistes y
Muchas risas
y ego

Nada más sexy que una risa fuerte
y un peculiar sentido del humor
con ego.

La mentalidad lo
es todo en la vida,
por eso me río tanto
con mi ego.

Siempre confío en las vibraciones
cuando me río
con mi EGO

Lo mejor
de la vida es:
Amor
Risa
Felicidad
con EGO

Las personas creativas
siempre se ríen
como el jefe
con ego

Anima con la risa
llamada riqueza.
El coraje se une
con el ego.

Si la vida te hace feliz,
entonces ríete
con ego.

Todas las fuentes
de felicidad son la risa
con ego.

La felicidad siempre
es gratis
con risas y ego

Estar tranquilo en la vida
con risa y ego
se llama superpoder

No hay amigo
tan leal como la risa

La mejor manera
de predecir el futuro es crearlo
con risa y ego.

Ninguna gran mente ha existido jamás sin un toque de locura, como mi risa y mi ego.

Ser sólido con la
risa y el ego nunca viene
con instrucciones.

Vive tu imaginación
con risa y ego

A veces el silencio
es felicidad,
hasta que empiezas a reír
de nuevo, con tu ego.

La vida es como andar en bicicleta.
Para mantener el equilibrio,
debes seguir moviéndote
con tu ego.

Las cosas más hermosas suceden
cuando la risa es la prioridad
en tu vida
con tu ego.

Tu alma,
lo que te hace hermosa,
con muchas risas,
y tu ego.

La felicidad se trata
de reír todo lo que quieras
con tu ego.

Cada sonrisa cuenta
la historia de Ego

Cuando me di cuenta
de mi felicidad,
me reí sin parar
con mi ego.

Mente joven
Corazón salvaje
Alma libre
Alegría de la risa
llamada felicidad con ego

La historia de mi vida
es extremadamente simple,
siempre me río de
las perfecciones con ego

Nunca me tomo la vida
en serio,
porque siempre estoy
ocupado riéndome de
mi ego.

Lo primero que me pongo
todos los días,
sonrisa y confianza

La serendipia
es encontrar algo
con risa y ego
sin buscarlo.

Simplemente elige cualquier idioma
y lo traduciré a cualquier
idioma de la risa
con ego.

Lo único que debes saber
sobre tu vida primero,
qué te hace feliz,
simplemente ríete
con tu ego.

Nos moldean nuestros
propios pensamientos,
cuando reímos
con ego.

- muy sexy -

Solo porque llevo la vida
tan bien y parece fácil
con mi toque mágico,
con mi risa y mi ego,
no significa que no
sea pesada.

El hábito más importante
de mi vida es la risa
porque pongo nerviosos a todos
con mi ego.

Cuando nadie creía en mí,
lo hice con mi risa y
mi ego de todos modos.

Una de las maneras más sencillas
de ser feliz es simplemente reír
con tu ego.
-Baila con nuestra magia -

Confianza
Sonrisa
Felicidad
Son más bonitas con ego

Inteligencia
Energía positiva
Confianza
Sonreír con ego
Son los hábitos más atractivos
de la vida

La confianza
que estás creando
con Creencia y Risa
no tiene precio.

Tu carácter es el fundamento
de tu vida.
Cuando tus cimientos son fuertes,
puedes reír
con tu ego.

Cuando el éxito y la felicidad llegan,
la gente empieza
a copiarte.

Soy amable
con mi mente como
por arte de magia.
Por eso me río tanto
con mi ego.

En la vida, si no tienes algo que
el dinero no pueda comprar,
entonces no tienes nada: respeto,
buenos modales,
moral, carácter, confianza,
paciencia, clase, integridad,
amor, sentido común,
salud, risa y ego.

Mi anécdota divertida
sobre mi risa
con ego es que,
cuando empiezo a reír,
algunas personas se ponen celosas
sin motivo.

Crecer a veces significa
que tienes que reírte sin parar
de tu ego.

La madurez es cuando reaccionas
con risas y te marchas
con tus mejores
pasos de baile.

Los secretos
de tu futuro
se esconden detrás
de ti. Risas.

Nunca me arrepiento
en mi vida, porque
siempre consigo lo que quiero
con mi ego.

Estar a solas
con el ego y la risa es
muy poderoso.

La capacidad de aprender
es un don.
La capacidad de aprender
es una habilidad.
La voluntad de aprender
es una elección.
Cuando aprendes y ríes al
mismo tiempo, se llama ego.

Siempre enfrento la vida
con mi sonrisa
hasta que me duele el estómago
con mi ego

Si quieres triunfar en tu vida
con tus propias ideas,
tienes que hacerlo solo,
con tu risa y tu ego.

Cuando reconoces
la felicidad en tu vida,
simplemente
no puedes dejar de reír
con tu ego.

Cada emoción
que siento ahora
mismo es válida.
Mis únicas emociones
son reír con ego.

Mis habilidades de lucha

son reír con

mi ego

Nunca busco
la validación de nadie.
Mi ego aprobó
mi vida.

Disfruta siempre
de tu vida
con tus propias reglas
de risa con ego

Almas siempre hermosas.
Reconozcan las almas hermosas.
Sigan siendo genuinos.
y rían con ego.

Los celos y la estupidez
son lo mismo.
(Solo ríete)

La mayor satisfacción
y placer en la vida es
cuando haces lo que
la gente dice que
no puedes hacer.
Simplemente hazlo
con tu risa y tu ego.

Júzgame
cuando seas perfecto,
porque me estoy riendo,
de todas formas.

Con mi poder de la risa
siempre protejo
mi ego

Mi ego es importante
Como:
Autoestima
Amor propio
Incluso después de mi risa

Mi lema es muy simple:
siempre me río
con mi ego.

La gente tóxica
te hace creer
que guardas rencor,
cuando en realidad
estás poniendo límites
con tu risa
y tu ego.

Actitud,
Madurez,
Mentalidad y Risa
son muy importantes
con el Ego.

La presión es privilegio,
por eso me río
con mi ego.

Ser uno mismo
no es un acto egoísta.
Ríete siempre
con tu ego.

Soy el único mago
del mundo porque me río
con mi ego.

Solo soy responsable
de lo que digo
con risa
no de lo que entiendo
con mi ego

Mejorar es cambiar,
Ser perfecto es cambiar
a menudo con Risa
y Ego

Define el Ego en una palabra:

MUNDO

Susurros de risas
dan forma a los ecos
del futuro del mundo

La felicidad
con la risa es bailar bajo
el atardecer, la luna y las estrellas
con el ego.

Cuando vives
bajo la Luz
expones tu
risa y tu
felicidad
al mundo con
tu ego

Todos los días es el
Día Internacional
de la Risa
en todo el mundo

Cada día tu risa
cambia el mundo,
nunca dejo que el mundo
cambie tu sonrisa

Verano,
el sol
la luna
las estrellas
Perfecto,
muy adecuado para
reír con ego

Cada día, cada noche,
Ardo con demasiada intensidad
y me derrumbo de risa en mí
con mucho:
Amor
Alegría
Felicidad
Ego
Así es como se forman las
Galaxias

Cuanto más alto logre,
más inteligente parezco,
ante aquellos
que no pueden volar
con amor y risa.

Cuando me río
todo el día,
mi energía puede
iluminar el mundo

Cuando voy a la playa:
Atardecer al frente
Arena abajo
Paz interior
Risa en mi cara

- Empodera a quienes amas
- Alza el vuelo con alas
- Establece raíces
para permanecer
- Encuentra fuerza en
razones para quedarte
con amor y risas

La vida no es una
tormenta perfecta,
es felicidad perfecta
con amor y risas,
y mi paraguas es mi fe,
protegiendo mi paz.

Sé como la Tierra,
cuando llega la lluvia
la Tierra simplemente se abre
a la lluvia
y la absorbe toda.

Siempre hablo
con gente que me hace ver
el mundo de otra manera,
con amor y risas.

Cuando ríes,
el mundo brilla
con tu amor
y tu risa.

No hay comparación
Entre el sol
y la luna,
siempre brillan
Como mi risa
con mi ego

Cuando me río,
me lleva la lengua
a un lugar
tropical.
¡Qué rico!

Porque todos
los superhéroes
son dibujos animados
e imaginarios.

La risa es como
un control remoto.
Siempre controla
el mundo
con el ego.

Maestro en acción
nunca mira atrás
y todo sigue
su ejemplo

El cielo no es el límite,
solo tu mente está llena
de amor y risas.

Las galaxias residen
en la risa
cada segundo de
tu vida

Aun cuando traduzco
todos los idiomas
con amor y
risas

Este es mi mundo mágico.
Siempre hay
amor en el aire.

Sé tú mismo, el mundo siempre
se ajustará y siempre te amará
con una sonrisa en tu rostro.

La felicidad no es el lugar,
es la mentalidad
con amor y risas.

Hoy río con rayos perfectos
de amor y sol,
luna y estrellas en
el horizonte despejado.

Siempre resuelvo todo
en el mundo
con amor y felicidad.

El universo,
el mundo,
el pasado,
el presente,
el futuro,
la naturaleza,
todo conectado
con el amor y la risa.

No puedes robarle la luz a alguien
que lleva el universo en su corazón
con amor y risas.

A veces tienes que ir más allá del cielo para lograr tus metas, como volar alrededor del mundo en un minuto.

Amo lo que el sol
me hace
con amor y risas

Alegría, qué nos sucede cuando reconoces lo hermoso que es el mundo con amor y risas?

Abraza la elegancia de la vida
y deja que tu viaje inspire al
mundo con amor y risas.

Cuando comencé a contar mis
bendiciones con amor y risas,
mi mundo entero dio un giro.

Define Mundo en una palabra:

ARTE

La pintura es silencio.
Poesía.
La poesía es la pintura que
habla.
La vida es arte en acción.

La risa no es actitud, es arte.
Soy un artista con ego.

Comprender
con risas es arte

En mis obras de arte,
siempre pinto de una manera
que me trae alegría
y risas con EGO.

La música es el arte de pensar
con sonidos de
risa y ego.

La moda es el placer
perfecto para sobrevivir
a la realidad de la vida
cotidiana con confianza,
amor y risas.

La obra de arte crea reglas.
Las reglas no crean obras de arte.

Cuando todo llega
a tiempo a tu Vida,
cuando Aprendes a
esperar
con tu Risa
y tu EGO

No creo
en la edad
Creo en la energía
de la risa
con magia y EGO

Algunas personas crecen,
algunas personas envejecen,
algunas personas se ríen como el
Jefe

La vida se trata
de sonrisas y risas

Todas las fuentes de
felicidad son la risa.

A medida que envejezco,
me doy cuenta de
que la felicidad es gratis,
con risas y ego.

Define el arte en una palabra:

MÚSICA

A veces tienes que tocar tu
música más fuerte que tu risa,
con mucha alegría y EGO.

La música es un milagro
cuando la felicidad llega
con risa y ego

Siempre canto mis propias
Canciones con risas

A veces canciones

con risas

como una máquina del tiempo

con magia

La música del alma
puede ser escuchada por el universo
con risas

Aprender música es aprender
un nuevo idioma con risas.

Música con Risas
Es Igual a Felicidad
Lo simple es que

Bailo con la música,
río con mi magia.

La vida es un círculo de:
Felicidad
Risas
Buenos momentos
Música
con EGO

Las personas con gustos musicales mixtos tienen la personalidad adecuada para reír.

La música es como suena el sentimiento, como el sonido de la risa.

Siempre me río
con mi música.

Me encanta quedarme dormido
con risas, especialmente
cuando llueve afuera
Me gusta la música

La música produce una especie de placeres con la naturaleza humana que no pueden vivir sin la risa.

La música es contagiosa
en el corazón con baile
y risas

A veces basta con una sola canción de amor para traer miles de recuerdos con muchas risas.

Algunas personas
simplemente escuchan la música
mientras que otras la sienten
con amor y risas
como las canciones de amor

La esperanza es la capacidad
de escuchar la música del futuro.
La fe es tener el coraje
de bailarla hoy con amor y risas.

La música
suena como risa

Define la música en una palabra:

CAFÉ

Café en mi mano
Ambición en la otra
y risa en mi cara
con EGO

Es un día de varias
tazas de café,
con amor y risas.

Me encanta el olor del café caliente,
de las rosas florecidas y de los
nuevos comienzos con amor y risas.

Cuando tomas café por la mañana
con risas, tu café se vuelve
dulce con recuerdos y EGO.

Me encanta mi café
todas las mananas,
lo llamo felicidad
y me hace reír.

Siempre me río durante mi desayuno con café porque me duele el estómago. Me ayuda a digerir la comida con mi ego.

En este hermoso mundo, me
gusta despertar cada manana
con mi café y risas.

Define el café en una palabra:

CHISTES

La verdadera felicidad,
cuando ves todo en tu vida
como frases graciosas
y simplemente te ríes
sin parar

Tengo el poder de mirar todo en
la vida a mi manera, con risas y
mis chistes de clase mundial

Mi forma de bromear es reír y, a decir verdad, por eso mis chistes son los más divertidos del mundo.

Siempre me río
con mis chistes de primera clase
con mi ego

Cuando me duele el estómago
de mi
risa y mi ego
eso significa que mi felicidad
es gratis

Buen sentido del humor
Mente sucia
Corazón hermoso
combinaciones mortales
con risa

Si quieres el éxito
GRATIS,
entonces tienes que ir al
Diccionario
con Amor y Risas

Cuando la risa te golpea
con dolor de estómago,
entonces la felicidad llega
a tu vida con ego.

Lo más importante en la vida es reír a todas horas hasta que te duela la cabeza y el estómago para hacerte feliz con tu ego.

Define chistes en una palabra:

Define la felicidad en una palabra:

Define la risa en una palabra:

El día más perdido
en la vida es
el día en que no reímos
- Charlie Chaplin

La risa nunca acaba